Auguste Moireau

La Maîtrise de la mer

Les Théories du capitaine Mahan

 Le code de la propriété intellectuelle du 1er juillet 1992 interdit en effet expressément la photocopie à usage collectif sans autorisation des ayants droit. Or, cette pratique s'est généralisée dans les établissements d'enseignement supérieur, provoquant une baisse brutale des achats de livres et de revues, au point que la possibilité même pour les auteurs de créer des œuvres nouvelles et de les faire éditer correctement est aujourd'hui menacée. En application de la loi du 11 mars 1957, il est interdit de reproduire intégralement ou partiellement le présent ouvrage, sur quelque support que ce soir, sans autorisation de l'Éditeur ou du Centre Français d'Exploitation du Droit de Copie , 20, rue Grands Augustins, 75006 Paris.

ISBN : 978-1725117334

10 9 8 7 6 5 4 3 2 1

Auguste Moireau

La Maîtrise de la mer

Les Théories du capitaine Mahan

Table de Matières

Introduction

Lorsque les États-Unis déclarèrent la guerre à l'Angleterre en 1812, ils n'avaient qu'une douzaine de frégates, dont quelques-unes seulement de construction récente, à opposer aux deux cent cinquante vaisseaux de ligne ou frégates de leur ancienne mère patrie. Malgré cette écrasante supériorité de l'adversaire, les Américains obtinrent quelques succès brillants, dont ils tirèrent un légitime orgueil, et qui eurent une influence au moins morale sur l'issue de la lutte. Il y a peu de guerres, cependant, où l'effet naturel de la possession, par une nation, de la suprématie maritime, ou maîtrise de la mer (*Sea Power*) ait été mis en relief d'une manière aussi frappante. A la fin de la guerre, en 1815, le commerce maritime des Etats-Unis était presque entièrement détruit.

Les Américains, pendant les trente-cinq années qui suivirent, ne songèrent pas à devenir une puissance maritime. Ils avaient à faire la conquête et le peuplement de leur immense territoire, et la question de l'esclavage absorbait toute leur activité intellectuelle et morale. On sait au contraire quel génie inventif, appliqué aux choses de la marine, ils déployèrent dans la guerre de la sécession. Le capitaine Mahan, dont les théories sur le *Sea Power* ont conquis, ces dernières années, dans le monde entier, une si remarquable autorité, dit que l'apparition, dans la baie de Chesapeake, du *Monitor*, le prototype des navires à tourelles et des gardes-côtes cuirassés, a été l'un des plus importants événements de cette guerre, le point de départ d'une évolution qui n'est pas terminée.

Après la chute de la confédération sudiste, l'attention des Américains, occupés à la réparation des désastres de la guerre civile, fut détournée des problèmes maritimes. Mais cette indifférence prit fin brusquement, vers 1883, sous l'administration du président républicain Chester Arthur, lorsque l'opinion publique fut mise en éveil aux Etats-Unis par le développement que prenaient les forces navales, non seulement en Europe, mais chez des nations de rang inférieur, comme le Chili, le Brésil, le Japon. Le désir de doter l'Union d'une puissante flotte de guerre s'empara dès lors des Américains, et ce mouvement d'opinion entraîna le gouvernement et les deux partis qui se disputent la direction des destinées du pays. Il fut résolu que les Etats-Unis posséderaient, en grand nombre, des navires de guerre du type le plus moderne, qui seraient construits en Amérique, par des capitaux américains, avec des matériaux d'origine américaine, et qui seraient pourvus d'une machinerie et d'une artillerie fabriquées aux Etats-Unis.

Les arsenaux, ateliers, usines et chantiers déjà existants furent agrandis, développés. On en créa de nouveaux, avec un outillage perfectionné et d'une puissance sans rivale pour la production des plus fortes plaques de blindage et des plus gros canons. On avait voulu faire grand et vite, et l'on y réussit. Le Congrès vota tous les crédits nécessaires. Les Américains construisirent d'abord des croiseurs protégés, puis transformèrent quelques-uns des *monitors* nouveaux, lancés depuis la guerre civile, abordèrent enfin la fabrication des croiseurs cuirassés et des grands cuirassés de combat. Les premiers de ces bâtiments étaient déjà en service en 1895. Ils suffirent à l'anéantissement de la force maritime de l'Espagne en 1898.

Le gouvernement fédéral ne se préoccupa pas seulement de constituer un solide matériel naval. Il prit aussi des mesures en vue de l'instruction du personnel, et surtout de la formation d'un corps d'officiers de mer capables de manier avec la science et l'intelligence nécessaires l'instrument qu'on se préparait à mettre entre leurs mains. L'Académie d'Annapolis instruisait des aspirants. On fonda, à côté de cet établissement, pour l'instruction supérieure des officiers, un *Naval War College* (Ecole de guerre navale) sur le modèle de celui qui existait depuis une dizaine d'années en Angleterre. C'est en 1886 que le capitaine A.-T. Mahan, de la marine des Etats-Unis, fut mis à la tête de cette institution récemment créée, et chargé d'y organiser un enseignement méthodique d'histoire et de tactique maritimes.

Section I

Le nom du capitaine Mahan était alors fort peu connu, même aux Etats-Unis, bien qu'il eût déjà publié quelques écrits sur le rôle de la marine dans la guerre de la sécession [1].

On en était encore aux premiers efforts pour la construction rapide d'une flotte nouvelle destinée à remplacer les monitors démodés et les bateaux en bois ou en fer armés de canons d'ancien modèle à âme lisse. On empruntait aux ingénieurs anglais, même à l'amirauté anglaise, des plans de bâtiments de guerre, on achetait des plaques de blindage et des canons à l'industrie britannique. L'Amérique, sur ce point comme sur tant d'autres, était encore, pour peu de temps il est vrai, tributaire de l'Europe. En fait, la marine commençait à peine à prendre, dans la pensée américaine, en tant qu'intérêt national d'ordre supérieur, la place prépondérante qu'elle y occupe aujourd'hui.

Le premier des ouvrages qui ont fait la réputation du capitaine Mahan, et dans le titre duquel il introduisit le terme de *Sea Power*, est une condensation des leçons d'histoire navale qu'il donna de 1880 à 1888 à ses auditeurs du *Naval War College*. Il dit lui-même, dans sa préface, que lorsqu'il commença son cours sur un sujet qu'il s'est, depuis, si complètement approprié, ses connaissances en histoire navale étaient tout à fait superficielles [2].

Personne autour de lui ne semblait croire qu'il y eût quelque profita tirer d'une étude de l'histoire maritime, et il en fut d'abord quelque peu découragé. « Le problème, dit-il, était de donner au sujet un aspect qui, dans une époque aussi utilitaire, ne fût pas exposé au reproche facile de n'avoir qu'un intérêt archéologique, de ne posséder aucune valeur pratique pour des hommes appelés à se servir de l'outillage si nouveau de la guerre navale moderne. » Mahan a résolu ce problème avec un tel succès qu'aujourd'hui son nom a acquis une notoriété universelle. Son point de départ fut que les historiens maritimes se sont en général trop peu inquiétés de la relation qui pouvait exister entre leur sujet particulier et l'histoire générale. Ils se sont ordinairement limités à un simple compte rendu des faits maritimes. Il reconnaît cependant que cela est moins exact des Français que des Anglais ; le génie et l'éducation des premiers les poussent à étudier les causes des faits et à se rendre compte des relations des événements les uns avec les autres. L'auteur ne connaît, il est vrai, aucun ouvrage, même français, se proposant précisément le but qu'il a lui-même poursuivi, et qui était de mettre en première ligne les intérêts maritimes sans les séparer des circonstances de causes et d'effets qui s'y rattachent dans le cours de l'histoire générale, en cherchant à montrer comment ils ont modifié ces circonstances ou coin ment ils ont été modifiés par elles.

Il en conclut qu'un livre, analysant des événements à travers une série d'années, et destiné à montrer « l'influence de la puissance maritime dans l'histoire, » servirait au moins à inspirer aux marins américains qui le liraient un sentiment exalté du caractère de leur profession, et pourrait, en outre, contribuer à donner à la marine et au pays une impression plus définie de la nécessité de constituer la Hotte nécessaire pour les grandes entreprises, « afin que, si une occasion se présentait jamais à nous d'avoir à appliquer l'intelligence de l'homme d'Etat à la direction de la force organisée (*statesmanship directing arms*), nous ne fussions pas exposés à nous trouver inférieurs à la tâche, par le fait de n'avoir pas une force armée suffisante à diriger. » Le capitaine Mahan estime que les historiens qui l'ont précédé n'ont pas attribué une importance suffisante aux influences directes et indirectes du pouvoir maritime sur les événements historiques. Ils n'ont pas vu ou n'ont que très imparfaitement indiqué que la plupart des grands changements qui se sont produits dans la géographie politique ont été la conséquence de la maîtrise de la mer. Ils n'ont pas su discerner à quel point la guerre sur mer inclinait ou déterminait les péripéties de la guerre sur terre.

Arnold, dit-il, dans son *History of Roma*, décrit la seconde guerre punique comme la lutte du génie individuel contre les ressources et les institutions d'une grande nation. Après dix-sept années de guerre, c'est la nation qui triompha. Au commencement du XIXe siècle, Napoléon lutta pendant une série d'années contre l'Angleterre ; ici encore, lutte d'un homme contre une nation. Zama termina la carrière d'Annibal et Waterloo celle de Napoléon.

Un autre historien, sir Edward Creasy, citant ce parallèle, essaie de le compléter : « Un point de la similitude entre les deux guerres, dit-il, n'a pas été suffisamment mis en lumière ; c'est le parallèle remarquable entre le général romain qui battit définitivement le grand Carthaginois, et le général anglais qui porta le dernier coup à l'empereur français. Scipion et Wellington étaient investis tous deux de commandements d'une haute importance, mais éloignés des principaux théâtres de la guerre. Le même pays fut la scène où se développpa la carrière militaire de chacun d'eux. C'est en Espagne que Scipion, comme Wellington, se rencontra victorieusement avec presque tous les généraux secondaires de l'ennemi, et les battit avant de se trouver en face du principal chef lui-même. Scipion et Wellington relevèrent l'un et l'autre dans l'âme de leurs concitoyens la confiance en leurs armes, ébranlée par une série de revers, et chacun d'eux mit fin à une guerre longue et périlleuse par une défaite complète et décisive du chef suprême et de l'élite des vétérans de l'armée ennemie. »

Mahan intervient alors et dit : « Ni l'un ni l'autre de ces deux auteurs anglais n'a fait mention de cette coïncidence encore plus frappante, que, dans les deux cas, la maîtrise de la mer était acquise au peuple à qui resta définitivement la victoire. » C'est parce que les Romains étaient maîtres de la mer au début de la lutte qu'Annibal dut entreprendre cette longue et dangereuse marche à travers la Gaule où il perdit plus de la moitié de ses meilleures troupes. C'est encore la possession de la mer qui permit à Scipion l'Ancien, en envoyant son armée du Rhône en Espagne, d'intercepter les communications d'Annibal, et de revenir en personne essayer d'arrêter, à la Trébie, l'envahisseur.

Mahan dit encore que l'issue décisive de la bataille du Métaure fut due au fait que les armées romaines occupaient une position intérieure à l'égard des forces d'Asdrubal et d'Annibal, et que le premier ne put amener par mer à son frère les renforts qui l'eussent peut-être sauvé, et dut les conduire par le grand détour de la Gaule. Les deux armées carthaginoises se trouvèrent donc séparées par une grande partie de l'Italie, et l'une d'elles put être détruite par l'action combinée des généraux romains.

Quant à Wellington, il n'aurait pu, si l'Angleterre n'eût été maîtresse de la mer, concevoir même l'idée des lignes de Torrès Vedras. Sa marche triomphale à travers la péninsule n'aurait pu été exécutée s'il n'avait eu l'appui des bases navales de la côte septentrionale de l'Espagne. Dans un temps plus récent, c'est parce que les fédéraux du Nord aux Etats-Unis eurent, pendant toute la durée de la guerre civile, la possession de la mer qu'ils obtinrent la victoire finale.

L'historien ne doit d'ailleurs pas tenir compte seulement de ces influences directes de la suprématie maritime sur les événements historiques. Il doit aussi noter l'importance considérable de la possession d'une forte marine pour la création des ressources qui constituent le nerf de la guerre.

La France a prospéré quand elle a eu des Colbert et des Choiseul qui ont été des créateurs ou des rénovateurs de forces navales ; ses périodes de défaites et d'humiliation ont toujours coïncidé avec la destruction ou le dépérissement de ses flottes. L'Angleterre a presque sans interruption, dans le cours de son histoire, compté sur la maîtrise de la mer, soit d'instinct, soit éclairée par les leçons d'une expérience qu'elle ne songeait cependant pas à analyser.

Le capitaine Mahan a édifié presque entièrement sa thèse sur la comparaison de la conduite des deux peuples à l'égard du développement ou du maintien de leurs forces navales. Dans le volume cité plus haut, publié en 1889, il a appliqué sa méthode à l'histoire navale de l'Europe, depuis 1660, époque du plein essor de la marine à voiles, jusqu'à la fin de la guerre de l'indépendance américaine en 1783. C'est un exposé de la politique de la France et de l'Angleterre aux XVIIe et XVIIIe siècles, et des résultats auxquels elle a abouti, résultats qui ont toujours été l'agrandissement de la nation qui comprenait le mieux l'influence réelle de la maîtrise de la mer. C'est le défaut d'intelligence dans le gouvernement qui a fait perdre à la France ses colonies au XVIIIe siècle. Les colonies ont été perdues aussitôt que nous avons cessé d'avoir une flotte digne de ce nom. On pourrait dire qu'à cet égard, et pour ce qui nous concerne, l'œuvre de Mahan est l'histoire des erreurs de la France dans sa lutte contre l'Angleterre. Cela est vrai, plus encore, du volume publié en 1893, dans lequel Mahan a étudié les luttes navales entre l'Angleterre et la France, pendant la période révolutionnaire et impériale, de 1793 à 1812 [3].

Section II

Les critiques anglais disent eux-mêmes que le grand défaut des œuvres britanniques d'histoire navale, surtout pour la période de la fin du XVIIIe siècle et du commencement du XIXe, est l'absence de vues philosophiques, le manque de recherche et de discussion des relations de cause à effet. « Les événements racontés, dit l'un d'eux, sont entassés comme un monceau de houille non triée. Gros et petits morceaux sont confondus dans le poussier ; au lecteur à extraire du tas ce qui peut servir à sa consommation. » Les historiens de la période navale d'Elisabeth et des Stuarts donnent, dans leurs récits, quelques exemples de sens critique, de proportion, d'effet dramatique. La sécheresse, à son plus haut degré, est au contraire la caractéristique d'un chroniqueur naval, excellent par ailleurs, du début du XIXe siècle, James.

A côté de ces chroniqueurs qui ont au moins les qualités d'exactitude et de compétence se placent les littérateurs ou vulgarisateurs, qui visent exclusivement à l'intérêt du récit, sans aucun souci de l'exactitude ou de la philosophie des événements. Le résultat est que la nation anglaise est restée longtemps et est encore fort ignorante en ce qui concerne l'histoire de sa marine et l'état vrai de sa force navale, et qu'elle est toujours prête à adopter l'opinion du publiciste qui traite le dernier ce sujet ou en parle avec le plus d'assurance.

Cela explique l'enthousiasme avec lequel les Anglais, après la publication des deux volumes sur *The Influence of Sea Power upon History*, saluèrent dans le capitaine Mahan, non seulement le plus distingué des écrivains sur la stratégie navale, mais le créateur en quelque sorte de ce qu'on peut appeler la philosophie de l'histoire navale.

Mahan n'a pas inventé le terme de *Sea Power*. Nombre d'historiens l'ont employé avant lui, et même ont saisi le sens profond qu'il recèle. Mais il a rendu cette signification plus intense et plus vivante. L'Angleterre a produit de bons écrivains en matières navales : parmi les plus récents, l'amiral Colomb, le capitaine et professeur Burrows, le professeur Laughton (*Studies in naval History*). Mahan leur est supérieur, parce qu'il est à la fois plus historien que ceux de ces écrivains qui sont stratégistes, et plus stratégiste que ceux qui sont plutôt historiens. Il a surtout plus que les uns et les autres le sens philosophique. L'ensemble de ses ouvrages est une vaste analyse à travers les temps et les régions, une recherche des sources où la « maîtrise de la mer, » le *Sea Power*, puise sa croissance et sa force, des conditions nécessaires pour la conquérir et pour la conserver, des résultats auxquels sa possession permet d'aspirer.

L'instinct populaire et la politique des hommes d'Etat avaient, il est vrai, été plus clairvoyants que les historiens de la marine britannique. C'est par le *Sea power* que le premier Pitt édifia l'empire anglais, et que le second Pitt le maintint. Wellington, qui fut l'instrument de la chute de l'empire de Napoléon, n'a été qu'un résultat du *Sea power*. C'est la maîtrise de la mer qui, seule, lui donna accès dans la péninsule, et lui permit de soutenir les armées qui finalement vainquirent les forces de l'Empereur. Quant à l'instinct populaire, il place avec raison le héros de Trafalgar au-dessus même du héros de Waterloo. Nelson est le symbole, la personnification du seul élément de force nationale contre lequel le génie de Napoléon ait lutté vainement. Cet élément est le *Sea power*.

Au contraire, les historiens anglais avaient traité, pour la plupart, l'histoire navale de leur pays comme une série d'épisodes extérieurs, subordonnés à des entreprises militaires contemporaines, et non comme le facteur dominant, central, de la fortune de la nation et de l'empire. « Il a été réservé, dit le *Times* en 1893, à un écrivain américain de nous montrer, presque pour la première fois, ce qu'est réellement le *Sea power* et quelle a été son influence sur la marche des événements historiques et sur la condition du monde moderne, principalement sur l'histoire des Iles Britanniques. » Et la feuille anglaise ajoute que Mahan a fait dans l'étude de l'histoire navale une révolution analogue à celle qu'avait faite Copernic dans le domaine de l'astronomie.

Cet éloge serait hyperbolique sous la plume de toute autre personne qu'un écrivain britannique. Il n'a pas paru excessif au critique anglais qui venait de lire deux ouvrages consacrés à la gloire de l'Angleterre. Mahan a été amené, en effet, par la pente naturelle de son sujet, à s'occuper principalement de la marine britannique. Il a résumé en ces deux mots, *Sea power*, le secret des hauts faits historiques qui ont construit le plus grand empire colonial qui ait jamais existé. Il a exposé, mis en lumière, avec une force extraordinaire, cette vérité, que l'Océan, loin de séparer les diverses portions de cet Empire, est au contraire le lien le plus fort qui assure son unité. Il est assez curieux que ce soit un Américain, un étranger, qui ait appris aux Anglais sur quel fondement réel repose la grandeur de l'empire britannique. Ce qui est certain, c'est que les Anglais ont saisi avec avidité cet enseignement, et que le nom de Mahan est aujourd'hui aussi populaire, sinon plus, en Angleterre qu'aux Etats-Unis.

En 1894 arriva dans la Tamise le croiseur américain *Chicago*, portant le pavillon du contre-amiral Erben et commandé par le capitaine Mahan. Le *Times* salua celui-ci de l'appellation flatteuse : *the greatest living writer of naval history*. Un comité fut formé pour inviter l'amiral Erben et les officiers du Chicago à un banquet. C'était une politesse rendue à l'hospitalité cordiale qui, en 1893, avait été offerte à l'escadre anglaise, à New-York, à l'occasion de la revue navale colombienne. C'était aussi un compliment à l'adresse du grand écrivain qui avait raconté l'histoire épique des hauts faits de la marine anglaise.

Mahan n'avait cependant pas eu pour objet unique d'inspirer aux Anglais une appréciation plus sûre et plus profonde des sources réelles de l'influence et de la puissance de leur pays dans le monde. Il avait voulu plus encore éveiller chez ses compatriotes le sentiment de la part qui devait leur revenir dans l'héritage de la puissance maritime, et nous avons montré plus haut comment il était lui-même en quelque sorte le produit d'une poussée de l'opinion publique vers la création d'une marine de guerre des Etats-Unis.

Au commencement de 1891, un spécialiste, dans une lecture faite à Londres à l'*Institution of Naval Architects*, attira l'attention de ses compatriotes sur « quelques plans récents (*recent designs*) de navires de guerre pour la marine américaine. » Cette étude provoqua d'intéressantes discussions. Elle annonçait la naissance de la « nouvelle marine » de l'Union. En 1891, en effet, le programme de 1883, était en pleine exécution, et déjà un certain nombre de bâtiments étaient prêts à prendre la mer « La suprématie maritime, dit le capitaine Mahan, appartiendra aux Etats-Unis dès qu'ils voudront l'acquérir, parce que toutes les conditions qui l'ont donnée tour à tour à certaines nations d'Europe se trouvent réunies dans la grande république transatlantique. Les Américains possèdent déjà de glorieuses traditions navales (guerre de 1812 et guerre de la sécession) ; ils ont une vigoureuse population de pêcheurs, une énorme et magnifique étendue de côtes, des ports superbes ; ils sont renommés pour leur audace et leur ingéniosité inventives, ils sont les plus grands producteurs d'acier du monde, ils peuvent appliquer à l'acquisition rapide de la suprématie maritime, s'ils le veulent, une disponibilité presque illimitée de capitaux. »

Der Gedanke geht der That voraus, la pensée précède l'action, a dit Henri Heine ; la plupart des grands événements qui ont bouleversé le monde n'ont été que la réalisation matérielle d'idées qui les avaient précédés et préparés, comme la révolution française a été la réalisation des idées formulées dans les écrits des Voltaire, des Rousseau et autres penseurs du XVIIIe siècle, comme la législation et la politique en Angleterre ont été imprégnées de l'influence d'Adam Smith à la fin du XVIIIe siècle et de Bentham au commencement du XIXe. Cette puissance de l'idée est indéniable ; elle s'est exercée en tous lieux et à toutes les époques. Aujourd'hui même, on ne saurait vraiment exagérer la portée qu'a eue sur les événements durant les dix dernières années, en Europe et aux Etats-Unis, l'introduction, sous la forme puissante que lui a donnée Mahan, de l'idée du *Sea power* dans le courant des pensées habituelles de l'humanité.

Cette influence exercée par les ouvrages de Mahan, on la discerne dans toutes les directions, en tous pays. Le terme *sea power* exerce une force analogue à celle qu'ont eue ceux de c sélection naturelle » ou d' « évolution. » Il a été lancé, il est vrai, après qu'en Angleterre avait été adopte le *Naval Defence Act* de 1889. Mais cette tentative pour renforcer les forces navales de l'Angleterre n'avait été présentée que comme une nécessité du moment ; elle ne répondait, pas à une idée générale, tandis qu'aujourd'hui et depuis 1895, la conception du *Sea Power*, de sa nature, de ses sources, de ses responsabilités, de ses conditions, constitue en Angleterre la base de toutes les idées maritimes, et est adoptée par la nation, ainsi que par ses gouvernants, comme le seul vrai fondement de la politique navale britannique : *Sea Power, articulus stantis aut cadentis Imperii*. Pour un Etat comme l'Angleterre, commercial, maritime et conquérant, le *Sea Power* n'est pas seulement un élément accidentel de force nationale, il est le fond même, la condition absolue de l'existence.

Section III

La suprématie maritime ne consiste pas seulement dans le nombre des bateaux que l'on peut mettre à flot. Elle dépend encore, et plus peut-être, de l'esprit du service, du dévouement et de la capacité des officiers et des hommes pour leurs devoirs, de l'état de préparation complète et de la disponibilité immédiate de tout ce qui donne aux navires la mobilité, la capacité de combattre. Le nombre des navires de guerre est une première condition de la maîtrise de la mer. Elle n'est ni la seule ni même la plus importante. La guerre navale, aujourd'hui encore, comme aux temps passés, est une affaire d'hommes et non de machines ; les machines ne valent en effet que si elles sont manipulées par des hommes capables. On ne peut obtenir sur commande le génie du commandement en mer ; on peut obtenir, par l'exercice approprié, l'excellence des équipages.

Même dans la sphère du matériel et des constructions, tout est-il parfait en Angleterre ? C'est peu probable. Les départements techniques de l'Amirauté ne contiennent pas uniquement des hommes supérieurs comme sir William White et sir John Durston, de même que les escadres ne sont pas commandées uniquement par des hommes de la valeur d'un Nelson. Il y a eu récemment, dans l'histoire des constructions maritimes britanniques, bien des mécomptes : les découvertes fâcheuses faites par diverses commissions techniques, les fautes commises dans la construction du yacht royal, le désastre du *Spartiate* et du *Cressy*, la perte du *Cobra*, due à une faiblesse de structure, et tant d'autres mésaventures, qui dépassent le taux normal et moyen des erreurs dans un établissement maritime même aussi considérable que celui de la Grande-Bretagne. Ces accidents accusent un défaut de compétence, un vice d'organisation. Ils attestent une négligence de l'instruction scientifique, un certain dédain des hommes de pratique pour la méthode et pour la théorie, un attachement exagéré à la tradition, à la routine, une habitude de se contenter de l'à-peu-près, du suffisamment bon substitué au parfaitement bon.

La nation anglaise, en général, ne prend pas l'éducation au sérieux ; elle ne croit pas au pouvoir salutaire du savoir. Il y a quelque temps, l'évêque de Londres dit : « Le grand défaut de l'Angleterre, à l'heure actuelle, est une conception très insuffisante de la valeur de la science en elle-même et de son importance pour la vie nationale. » Et sir John Gorst émet l'avis que l'enseignement technique, autour duquel on a fait, beaucoup de bruit chez nos voisins, depuis quelque temps, est de peu d'utilité s'il n'est pas donné à un esprit déjà cultivé, instruit, à une intelligence préparée pour le recevoir. L'éducation générale, en Angleterre, n'est ni scientifique, ni profonde, et quand on lui superpose l'enseignement technique, celui-ci manque de solidité, les fondations n'étant pas sûres.

On commence cependant à reconnaître en Angleterre que le règne de la routine (*the rule of the thumb*) a fait son temps, que la science intelligemment assimilée et appliquée rationnellement est aujourd'hui le secret du succès continu dans tous les départements de l'activité et de l'effort humains, qu'il faut étudier les méthodes du passé pour les comprendre, non pour les suivre aveuglément.

Il y a dans le personnel actuel de la marine britannique, du zèle, de la capacité, de l'énergie, du dévouement, comme autrefois. Ce qui manque, dans ce personnel, comme dans toute la nation, c'est la foi dans la science et dans l'intelligence appliquée. L'instinct de la mer et l'inspiration du moment ne suffiront plus pour gagner des batailles navales.

Les principales unités d'une flotte coûtent aujourd'hui chacune le prix de vingt vaisseaux de ligne d'il y a un siècle. Une machinerie, sujette à de multiples accidents, l'approvisionnement du combustible, sont l'objet d'incessantes anxiétés. La nuit était jadis une période de repos ; elle appelle désormais un redoublement de surveillance à cause de la menace des torpilleurs. Autrefois une bataille navale était précédée d'un long temps de préparation propice à la réflexion ; aujourd'hui, deux flottes s'avanceront l'une sur l'autre à la vitesse de 16 à 18 nœuds.

La direction suprême d'une flotte doit donc être remise à des hommes en pleine possession de leurs facultés mentales et du maximum de l'endurance physique. Il est essentiel que les amiraux appelés au commandement en chef ne soient pas très âgés. Un bon système de constitution des états-majors devrait empêcher des hommes impropres au commandement d'atteindre les grades élevés, quelque zèle qu'ils aient déployé, de quelques qualités qu'ils aient fait preuve dans les grades inférieurs.

Dans la marine allemande, il n'y a pas d'âge pour la mise des officiers à la retraite. Si l'un deux, quel que soit son grade, est signalé à l'empereur comme impropre à bien remplir un grade supérieur et que l'empereur soit assuré de l'exactitude du fait, cet officier est courtoisement et discrètement invité à rechercher un emploi civil. Il adresse alors sa démission. « La discipline de la nature, dit Huxley, n'est pas une explication et un coup, et le coup d'abord, mais le coup sans l'explication. A vous de trouver pourquoi vous avez été frappés. » Il ajoute : « L'objet de ce que nous appelons l'éducation est de corriger ce qu'a de défectueux cette méthode d'instruction de la nature, de préparer l'enfant à recevoir habilement cette instruction, à comprendre les symptômes préliminaires du mécontentement de la nature, sans attendre le coup sur les oreilles. »

Le capitaine Mahan dit à son tour : « La connaissance de l'histoire militaire et navale, l'intelligence de ses enseignements, aideront à anticiper la pénalité qui s'attache au dernier argument de la vérité, le châtiment. Mais il arrive que l'imagination, dans une absurde impatience des avertissements que donne le passé, se prévaut de différences supposées ou superficielles dans les conditions contemporaines pour justifier des mesures qui ignorent, ou même violent directement des principes établis et fondamentaux d'application universelle. » Il a écrit ses livres parce qu'il lui a semblé que « dans la course pour le développement matériel et mécanique, les officiers de mer ont trop laissé détourner leur attention de l'étude méthodique de la conduite de la guerre, qui doit rester cependant l'intérêt principal, » et qu'ainsi un aspect essentiel de l'histoire navale a été indûment négligé.

La portée de ces considérations générales a été fort bien saisie en Angleterre : « La science et son application raisonnée, l'intelligence et sa discipline, ne sont certainement nos points forts dans aucun département de l'activité humaine. Nous avons l'énergie en abondance, mais elle est le plus souvent mal dirigée par défaut de science, ou bien elle est consommée sans résultat visible dans un effort pour vaincre la résistance qu'opposent les rouages grinçants de notre mécanisme administratif suranné. Il y a théoriquement toute raison de supposer que la préparation à la guerre dans notre marine n'est nullement à l'abri de ces maladies auxquelles toute l'histoire nous la montre sujette dans les conditions d'une longue période de paix. » (*Times* du 30 décembre 1901.)

Le président Roosevelt, dans l'*Histoire de la Marine Royale* de M. Laird Clowes [4], dit : « L'outillage de combat sur mer est aujourd'hui si délicat et si compliqué qu'une large opportunité doit être donnée non pas seulement pour le produire, mais pour apprendre à s'en servir convenablement. »

Section IV

Dans un chapitre de l'*Annuaire naval* anglais *pour 1901*, intitulé *la Guerre et sa principale leçon*, on relève ces observations dont le développement se retrouve en maints endroits des écrits de Mahan : « Quand la paix, et surtout une longue paix, prend fin, les méthodes qu'elle a introduites sont le premier ennemi que les défenseurs organisés d'un pays aient à vaincre… Le succès dans une guerre est proportionné à l'étendue de la victoire préliminaire sur la prédominance d'impressions dérivées des habitudes et des exercices d'une force armée pendant la paix. » L'écrivain cite de célèbres applications historiques de ce principe, depuis les défaites des Perses à Platée et des Athéniens à Syracuse, jusqu'à celle des Prussiens à Iéna, des Autrichiens à Sadowa, des Français à Sedan. Dans tous ces cas, la confiance dans la victoire a précédé une défaite écrasante. Dans la plupart des cas, cette confiance dans le succès était fondée sur un prestige et sur des traditions dérivés d'anciens succès de guerre, traditions qui avaient dégénéré en une routine aveugle sous l'influence prédominante d' « impressions produites par les habitudes de la paix. »

Tel est l'avertissement grave que donne l'histoire du passé, en tous temps et en tous lieux.

Mahan a publié récemment un nouveau livre intitulé : *Types d'officiers de mer, pris dans l'histoire de la marine anglaise* [5], qui répond avec une singulière opportunité à ces préoccupations des plus distingués et des plus intelligents parmi les gouvernails anglais. Ce livre est une œuvre des plus intéressantes, tenant très bien sa place auprès des deux précédentes qui avaient fait la réputation de l'auteur. Il n'y a pas là un pur assemblage d'essais biographiques ; le livre a un dessein organique, une unité distincte, un but didactique clairement défini.

L'introduction présente un exposé des conditions de la guerre navale au commencement du XVIIIe siècle. C'est une période qui n'a pas jeté beaucoup de lustre sur la marine britannique. Elle fut marquée par une longue paix Or, les habitudes et les exercices d'une force armée durant la paix amènent une prédominance d'impressions dont les officiers ne triomphent pas sans un effort plus ou moins prolongé quand vient la guerre. Pendant tout le XVIIe siècle s'était poursuivie l'évolution graduelle du principe de la « ligne de bataille, » ordre tactique qui n'était qu'un moyen, l'objectif étant la défaite de l'ennemi. Lorsque le principe eut été universellement accepté, il arriva, par une loi habituelle du développement humain, que les hommes firent d'un moyen utile une nécessité exagérée. Le Hollandais Ruyter, qui fut, pour le capitaine Mahan, le plus grand homme de mer de la fin du XVIIe siècle, reconnut et observa le principe de « la ligne de bataille, » mais l'utilisa avec une audace professionnelle dans des actions tactiques, définies et efficaces, visant à des résultats décisifs.

Après 1675, il y eut quinze ans de repos, de cessation de guerre navale. Dans la dernière décade apparurent des symptômes de l'empire qu'allait prendre la routine. Désormais la grande préoccupation de l'homme de mer, chef d'une flotte, allait être l'exacte observation des règles. La considération pratique du désastre à éviter allait l'emporter sur l'effort offensif. Avec le XVIIIe siècle commence l'ère pacifique de Walpole. Lorsque des guerres navales eurent de nouveau lieu au milieu du siècle, « la ligne de bataille » était plus que jamais le fétiche du jour. Mais elle était une fin en elle-même, et non plus un moyen accompagnant d'autres moyens pour la défaite et la destruction de l'ennemi. L'ordre de bataille devait être conservé à tous hasards, même au risque d'entraîner à une bataille inutile (Mathews à Toulon en 1744, Byng à Minorque en 1756). Mathews et Byng ne furent ni des lâches, ni des imbéciles, simplement des hommes ordinaires, manquant d'originalité et d'initiative, esclaves d'une tradition qui était un instrument admirable en lui-même à la condition que l'on sût s'en servir.

Mahan a entrepris de montrer comment la marine anglaise fut peu à peu débarrassée de ces impressions dérivées des habitudes et des exercices d'une longue paix. « Aucune servitude, dit-il, n'est plus désespérée que la soumission inintelligente à une idée apparemment correcte, mais incomplète. Elle induit déplorablement en erreur comme fait une demi-vérité non contrôlée par l'appréciation des conditions qui modifient son aspect. Et c'est ainsi que des hommes de mer, dans leur dédain de la théorie, dans leur conviction d'être avant tout des hommes « pratiques, » sont devenus des doctrinaires dans le pire sens du mot. » Ce jugement s'appliquait aux officiers de mer britanniques de la première moitié du XVIIIe siècle. Mais on est disposé en Angleterre à penser que de telles observations visent aussi bien bon nombre d'officiers de mer du temps présent. L'Angleterre redoute que ses marins, comme ses militaires, au lieu de considérer et d'étudier les principes mêmes de la stratégie et de la tactique, n'aient un culte aveugle pour les simples méthodes qui dans le passé ont servi à l'application de ces principes, et que la forme ne se soit une fois de plus substituée à l'essence.

C'est pourquoi l'armée anglaise dans la guerre de l'Afrique du Sud s'est trouvée si inférieure à la tâche qu'elle avait à remplir, et la pensée qu'il en pourrait être de même, le cas échéant, de l'armée navale, est la cause d'un grave souci patriotique pour beaucoup d'esprits clairvoyants au-delà du détroit.

Au commencement du XIXe siècle, la marine anglaise attachait une énorme importance aux manœuvres de la voile. Annuler les effets des caprices du vent, tel était l'objectif. Toute l'instruction des équipages fut portée de ce côté, et l'on négligea les exercices du tir des bouches à feu en mer. Le résultat fut que pendant la guerre de 1812-1814 avec les États-Unis, dans plusieurs rencontres isolées de frégates anglaises et américaines, le bâtiment anglais fut chaque fois désemparé en quelques heures par le feu supérieur de l'ennemi, et que cette série d'insuccès porta un coup très sensible, pour un temps au moins, au prestige de la Grande-Bretagne. De nos jours, longtemps encore après que la vapeur avait transformé toutes les conditions de la construction, comme de la stratégie et de la tactique maritimes, les exercices de la manœuvre de la voile conservèrent leur importance primordiale dans la marine. Il n'y avait plus à lutter contre les surprises du vent puisque la vapeur rendait le navire indépendant de cet élément, mais la tradition subsistait, et le système d'exercices des équipages n'était pas modifié, non plus que renseignement préalable.

Les officiers choisis par Mahan pour « types » dans son dernier livre, sont tous Anglais. Ils ont été choisis non à cause de leur distinction ou de leur renommée personnelle, mais « parce qu'ils constituent des exemples éminents, des « types » des divers éléments caractéristiques qui concourent à la formation d'une organisation navale supérieure. » Ces officiers sont Hawke, qui personnifie l'esprit du progrès de la guerre navale dans la seconde partie du XVIIIe siècle ; Rodney, une forme tout à fait distincte de cet esprit ; Hood, type de l'officier général tacticien ; Jervis, type de l'officier général stratégiste et *disciplinarian* ; Saumarez, l'officier de flotte, le commandant de division ; Pellew, le capitaine de frégate, « l'officier des coups de main, *partisan officer.* » Nelson ne figure pas dans les *Types of Naval officers.* Il est à part, seul, par l'éminence de son génie et l'originalité de ses actes. « Où est l'originalité, la classification ne peut s'appliquer. » Mahan avait d'ailleurs déjà consacré une étude biographique spéciale au plus grand des marins anglais [6], dans lequel il voit la personnification de la puissance maritime de la Grande-Bretagne. Chacun des quatre prédécesseurs de Nelson, Hawke, Rodney, Hood et Jervis, dans son caractère spécial, représente une phase du progrès qui a eu dans Nelson sa fleur et son fruit, et qui a produit incidemment un certain nombre d'hommes d'activité générale dans un rang moins élevé, comme Saumarez et Pellew. Chacun deux est un type admirable de la classe qu'il représente, et sert à montrer que l'esprit dont étaient animés Hawke et ses successeurs immédiats, avait pénétré toute la marine au temps de Nelson. Les quatre premières biographies forment comme le prologue du grand drame des exploits du héros, les deux dernières en sont l'épilogue. C'est dans la guerre que tous ces hommes se sont formés et élevés, qu'ils ont déployé leurs facultés, donné la mesure de ce dont ils étaient capables. Avant eux, la marine britannique avait traversé une triste période, qui aboutit à l'élévation aux plus hauts grades d'hommes comme Mathews et Byng. « La bataille de Toulon en 1744 doit entièrement sa signification historique au fait qu'elle a manifesté avec éclat la condition dégénérée où était tombé le personnel du commandement de la marine anglaise, l'avilissement de l'idéal, le niveau déprimé de la compétence professionnelle. » Hawke assistait à cette bataille où Mathews commandait en chef. Le premier représentait l'esprit de la guerre, l'ardeur, l'initiative rapide, la promptitude de ressources, l'impatience de la règle et de la routine ; l'autre représentait tout le contraire, et cela le conduisit à la défaite et à la cour martiale.

Une longue période de paix porte au premier rang des hommes de formalisme et de routine, des Mathews et des Byng, des sergents instructeurs et non des généraux, des hommes prudents, honnêtes jusqu'à la limite de leurs capacités, consciencieux, pointilleux pour tout, sauf pour l'essentiel, dépourvus d'initiative, d'impulsion, d'originalité. La poussée de ces hommes au premier rang est inévitable, s'il n'est fait, dans la période même de paix, un effort incessant pour la « préparation à la guerre, » si cette préparation n'est pas la pensée absorbante, presque unique, de tout le corps des officiers de mer ou de terre. « Il y a quelque chose de bien plus important que la perfection matérielle d'une arme ; c'est l'habileté pratique de l'élément humain qui doit manier cette arme. »

Pendant tout le XVIIIe siècle, l'instrument naval ne subit que d'insignifiantes transformations. Ce fut toujours le gros vaisseau de ligne, portant 74, puis 90, puis 120 canons. La tactique resta à peu près la même, les conditions matérielles des combats ne s'étant pas modifiées. C'est donc dans le domaine des idées surtout, dans les conceptions intellectuelles, qu'un progrès pouvait s'accuser.

Aujourd'hui l'instrument ancien a disparu, faisant place à un instrument tout nouveau, en voie de transformation ou de perfectionnement depuis un demi-siècle, et toutes les conditions de la tactique ont été également modifiées. « C'est pourtant encore par les idées que la marine doit être gouvernée dans l'emploi de ces nouveaux moyens, et par des idées qui sont aussi vieilles que l'histoire militaire, mais qui, au commencement du XVIIIe siècle, étaient sorties des esprits des hommes de mer. Ce fut la tâche des grands officiers de cette époque de les rappeler, de les formuler de nouveau, de les reprendre comme directrices de la théorie et de la pratique de la profession. »

Hawke est « une protestation en acte contre le manque de vaillance professionnelle, exagéré jusqu'à l'apparence de la timidité personnelle, dont firent preuve les capitaines devant Toulon en 1744 [7]. » Rodney, « par la simplicité habile de ses combinaisons, représente et réalise une réaction contre le pédantisme extravagant dont il arriva à Byng, dans toute l'honnêteté d'un homme complètement ordinaire, d'offrir une caricature imprévue. » Sir Samuel Hood eut les mêmes qualités que Hawke et Rodney, mais trouva peu d'occasions de les exercer, et « dut à plusieurs reprises en laisser échapper qu'il eût converties en triomphes. » Si Hood avait commandé devant la Chesapeake, la reddition de Yorktown n'aurait pas eu lieu, et s'il avait commandé en chef devant la Dominique le jour de la grande victoire de Rodney, peu de vaisseaux de la flotte de De Grasse auraient échappé. C'est du moins l'opinion du capitaine Mahan, mais de telles hypothèses sont-elles bien du domaine de l'histoire ? Il serait trop aisé de dire, de la même façon, que, si la flotte de Villeneuve avait été commandée par un homme de la valeur de Nelson, le plan de Napoléon réussissait et l'Angleterre était perdue. Jervis a perfectionné l'instrument dont Nelson s'est servi. Grand stratégiste lui-même, il reconnaissait toutefois très franchement la supériorité du génie de son rival plus jeune. Mahan a donc considéré les quatre types choisis par lui comme offrant une sorte d'exposé analytique vivant du développement qui a précédé et préparé Nelson, et constitué un champ splendide pour le déploiement de son génie. Tout le volume est une étude philosophique de conditions et de tendances en réaction continue les unes sur les autres, ce qui ne l'empêche pas d'être en même temps une suite fort intéressante de portraits vigoureusement peints sur une solide trame historique.

Section V

Le jugement de Mahan sur le génie naval de Napoléon ou plutôt sur la conception qu'il eut de l'importance du *Sea Power*, est curieux à noter, en ce sens qu'il admet très nettement comme les historiens français que le succès de l'entreprise de Napoléon à Boulogne n'était nullement impossible. « Malgré tout le génie de Nelson et la ténacité des officiers anglais, un concours favorable de circonstances aurait pu amener quarante vaisseaux français dans la Manche et donner à Napoléon la maîtrise de la mer pour les quelques jours durant lesquels il en avait besoin. Le seul fait que les escadres d'observation durent être retirées de Rochefort et du Ferrol, afin de constituer la flotte avec laquelle Calder combattit Villeneuve, prouve que la marine anglaise, au point de vue du nombre, n'était pas dans des conditions propres à garantir une complète sécurité, et qu'elle aurait pu, dans quelque combinaison possible d'occurrences, se trouver dans un état d'infériorité en un point décisif... L'importance attachée par l'empereur à son projet n'était nullement exagérée. Il pouvait réussir ou échouer, mais s'il échouait contre l'Angleterre, il échouait partout. Avec l'intuition du génie, il le sentit et toute son histoire ultérieure l'atteste. A la lutte armée contre le grand pouvoir maritime succéda la lutte de l'endurance... Manque de revenu et manque de crédit, tel fut le prix payé par Napoléon pour le système continental, par lequel seul, après Trafalgar, il espéra écraser la puissance maritime. On peut douter qu'au milieu de toute sa gloire, il se soit jamais senti en sécurité après l'échec de l'invasion de l'Angleterre... Avant de rejoindre son armée il publia une adresse à la nation, où il dit : « Vivre sans commerce, sans navigation, sans colonies, sujets au caprice de nos ennemis, c'est vivre comme des Français ne doivent pas vivre. » Et c'est cependant ainsi que la France dut vivre pendant tout le reste de son règne par la volonté du seul ennemi qu'il ne put vaincre... De la part des alliés, Trafalgar fut, en soi, un holocauste inutile, déterminé par le désespoir de l'amiral infortuné, sur l'irrésolution duquel Napoléon fil tomber très justement la colère que lui inspira la ruine de ses plans [8]. Villeneuve eut une perception très claire et très juste des difficultés de son commandement et des chances contraires accumulées contre lui. Où il commit une faute lamentable, ce fut en méconnaissant le devoir simple de l'obéissance, l'obligation de persister à tout hasard dans la partie qui lui incombait du grand plan à exécuter, cette ligne de conduite eût-elle abouti à la destruction complète de sa flotte. Il eût fallu, lorsqu'il quitta le Ferrol, qu'il éprouvât, même partiellement ce sentiment de désespoir qui le poussa à Trafalgar. Il est possible, je ne dis pas probable, que l'invasion de l'Angleterre eût alors réussi. »

A partir du jour où Napoléon eut résolu d'écraser l'Angleterre en l'excluant du commerce du continent, l'histoire de l'influence du *Sea Power* sur ce grand conflit cesse, dit Mahan, de suivre les événements strictement maritimes, et n'a plus pour sujet que la destruction du commerce, qui d'ordinaire est une opération secondaire de guerre maritime, mais qui fut adoptée dans les dernières années du règne de Napoléon comme le principal, sinon l'unique moyen d'action. L'auteur étudie la série des mesures par lesquelles la France chercha à ruiner le commerce anglais ; il analyse la politique des décrets de Berlin et de Milan sur lesquels fut édifié le système du blocus continental. Il suit une par une les étapes qui portèrent l'Empereur de violence en violence et montre comment cette politique eut pour conséquence nécessaire l'expédition de Russie, suivie de la chute de l'empire. « Ainsi détachés, autant qu'il est possible, de la masse de l'histoire contemporaine où ils sont habituellement confondus, ces actes successifs du gouvernement français apparaissent comme formant une suite logique, reliée par un motif unique, dominée par une nécessité unique. Le motif est la destruction de la Grande-Bretagne, la nécessité dérive du sentiment personnel de préservation. Chacune des deux nations, inattaquable sur son propre élément, se drossait comme une forteresse imprenable dont la reddition ne pouvait être amenée que par l'épuisement des ressources. Dans cette lutte d'endurance, Napoléon succomba. »

Section VI

Les Anglais acceptent, avec un empressement que la connaissance de leur caractère peut faire trouver assez extraordinaire, que le capitaine Mahan leur donne des conseils sur la conduite de leurs affaires. C'est à ses livres sur le *Sea Power* qu'il doit cette singulière déférence. La rigueur scientifique avec laquelle il a cristallisé en une sorte de loi leurs instincts quelque peu confus quant à la valeur de la suprématie maritime, les a plus vivement frappés que n'avait fait aucune œuvre de politique générale dans les cinquante dernières années. Ils ont vu dans le capitaine Mahan un penseur d'une profondeur extraordinaire, un Darwin édifiant tout un système, susceptible d'engendrer d'autres systèmes encore, avec des idées jusque-là flottantes et improductives.

Ils lui ont su gré, d'autre part, des sentiments bienveillants qu'il leur a toujours témoignés. Il est peu d'hommes aussi populaires aujourd'hui en Angleterre que le capitaine Mahan, et dont les paroles aient une action aussi décisive sur la formation de l'opinion. Ainsi s'explique l'intérêt avec lequel a été lu un article publié par

Mahan dans la *National Review* de mai 1902 sur la « fédération de l'empire britannique, » *Motires to Impérial Federation*. La fédération est dans l'air. L'Empire uni est un idéal qui séduit l'imagination populaire. Mahan conseille aux Anglais de donner à cette conception un caractère positif, de l'incorporer dans une constitution impériale, dans laquelle la mère patrie et les colonies abandonneront chacune une parcelle de leur indépendance, surtout en ce qui concerne le contrôle de la politique étrangère. L'auteur n'entre pas dans les détails, mais il préconise la formation d'un grand conseil fédéral, qui aurait pour mission de diriger les affaires extérieures du « nouvel empire. »

Des difficultés de tous ordres s'opposent à l'exécution de ce plan, les énormes distances entre les différentes parties de l'Empire, les jalousies des gouvernants, — il n'y a pas un gouvernant plus susceptible pour tout ce qui affecte sa dignité qu'un Premier colonial. On ne voit pas comment pourrait se constituer un système commun de forces militaires et navales entre tant de parties si distantes les unes des autres. Il y a d'autres obstacles encore. Les colonies anglaises ne s'intéresseront jamais aux complications de la politique internationale européenne. A Washington, dans les cercles officiels, on est à peu près informé au sujet des affaires intérieures des Etats d'Europe ; mais, pour la masse des Américains, il y a de l'autre côté de l'océan Atlantique une grande puissance, qui est l'Angleterre, et une autre grande puissance, qui est l'Europe. On connaît bien les noms des diverses parties du continent, mais comme on connaît en France, dans la masse populaire, les divisions de l'empire de Chine ou les gouvernements territoriaux de la Russie.

Telle sera exactement la situation des colonies anglaises à l'égard des affaires d'Europe. Comment, dans ces conditions, pourra-t-il exister une diplomatie impériale ?

« Dans les vingt dernières années, dit Mahan, la Grande-Bretagne a passé par deux crises graves, qui ont été deux crises d'empire. Qu'il s'agît de l'Irlande ou de l'Afrique du sud, la question réelle était : « La Grande-Bretagne existera-t-elle comme empire, ou bien tombera-t-elle en pièces par une série de sécessions volontaires ou tolérées ? » Il y eut un moment tout à fait critique, lorsque l'effort de Parnell pour la rupture du lien entre l'Irlande et l'Angleterre eut l'appui de Gladstone, et d'autre part Mahan compare la terrible lutte soutenue en Amérique pour le maintien de l'Union avec l'effort gigantesque fait par l'Angleterre pour éviter la rupture dans l'Afrique du sud. Déjà, dans un écrit publié en décembre 1900 sur la guerre sud-africaine, il avait exprimé l'admiration la plus vive pour l'enthousiasme et l'unanimité avec lesquels les colonies anglaises offraient leurs services à la mère patrie. « Ce que la victoire de Dewey a été pour l'expansion des Etats-Unis, ce que le bombardement du fort Sumter en 1861 avait été pour la cohésion du sentiment d'union dans les États du Nord, l'ultimatum de Paul Kruger l'a été pour la Fédération impériale. »

L'idée impériale a peu de partisans aussi enthousiastes que Mahan : « Il est à craindre que l'explosion si remarquable, qui s'est récemment produite, d'un sentiment national et de sentiments impériaux dans la Grande-Bretagne et dans ses colonies, ce déploiement de ferveur pour l'union dans les possessions dispersées par toutes les parties de l'univers, n'ait été une surprise désagréable pour le monde entier. Dans cette poussée subite s'est révélée la force du lien formé par le sentiment national de l'unité d'origine et de sang, joint à une irrésistible conviction impériale, impliquant une unité fondamentale de politique. Si les actes suivaient les paroles, si le succès couronnait l'effort, c'était une puissance nouvelle surgissant dans le monde ! La conception flottante de vingt années devenait une réalité ; une réalité bien faible encore et fragile à son début, mais avec quelles possibilités d'avenir ! C'est pour cela sans doute que l'idée impériale a été dénoncée avec une telle unanimité sur le continent. »

Une autre thèse également chère au capitaine Mahan est le retour définitif à l'union étroite des deux branches de la race anglo-saxonne, assurée dès lors pour toujours de la possession du *Sea Power*. Il avait déjà traité ce sujet dans une étude intitulée : *The Possibilities of an Anglo-American Reunion*. Il la traita encore dans un autre écrit : *The United States Looking Outward*, où il dit : « La Grande-Bretagne est sans contredit le plus formidable de nos ennemis possibles à cause de sa puissante marine et des fortes positions qu'elle occupe près de nos côtes. D'autre part une entente cordiale avec ce pays est le premier de nos intérêts extérieurs. Les deux nations cherchent leur propre avantage, ce qui est naturel, mais elles sont dominées aussi par un sentiment de droit et de justice, dérivé des mêmes sources et ayant de profondes racines dans leurs instincts. Des malentendus temporaires peuvent surgir entre elles, mais le retour aux principes communs de droit suivra certainement. Une alliance formelle est hors de question, mais une reconnaissance cordiale de la similitude de caractères et d'idées donnera naissance à la sympathie qui à son tour facilitera une coopération utile à l'une et à l'autre. La sentimentalité est faible, mais le sentiment est fort. » Il exprime la même idée dans maints autres passages comme celui-ci : « Le renforcement de la puissance britannique par le progrès de la fédération impériale est un objet du plus grand intérêt pour les Américains, et trouvera chez nous, en général, une profonde sympathie, bien que, sur certains points, il puisse provoquer encore quelque jalousie. La république américaine et l'empire britannique ont eu bien des querelles dans le passé, et le souvenir n'en est pas entièrement effacé. Mais on voit se dessiner dans une clarté grandissante les conditions permanentes d'union qui ont existé dès l'abord, et que recouvraient les débris des collisions et des disputes d'autres générations. Pour la langue, la législation, les traditions politiques, il y a identité entre les deux peuples ; le sang même est commun, malgré les effets indéniables de certains éléments étrangers. »

La force de ses sympathies anglaises n'a cependant pas fait oublier tout à fait à Mahan qu'il est surtout Américain. Ses premiers ouvrages avaient glorifié la grandeur navale de l'Angleterre. Il s'occupa exclusivement de son pays dans un volume intitulé : *L'intérêt de l'Amérique dans la maîtrise de la mer* [9], qui parut dans les derniers mois de 1897. Le livre n'est en apparence qu'une « réunion d'articles isolés publiés à des intervalles considérables pendant une période de plusieurs années, écrits sans préoccupation d'une relation entre les uns et les autres, et, à l'origine, sans prévision d'une publication ultérieure. » En réalité, il était le fruit, parvenu à maturité, d'études prolongées dans le domaine de l'histoire navale.

Mahan n'éprouvait pas seulement un intérêt théorique pour le *Sea Power* en lui-même. Son dessein de tout temps a été de tirer de l'histoire navale des leçons pour les États-Unis, de montrer à son pays quel objet il devait poursuivre, et par quels moyens il le devrait poursuivre, si l'occasion surgissait. Analysant dans ses premiers écrits les éléments principaux de la suprématie maritime, et recherchant dans quelle mesure ils étaient possédés par les Etats-Unis, il disait : « Même si les Etats-Unis avaient une marine marchande nationale très développée, il n'est pas assuré qu'ils auraient une forte marine de guerre. La distance qui sépare l'Amérique des autres grandes puissances, est une protection, mais aussi un piège. Il est probable que le motif qui donnera aux États-Unis une marine est en voie de formation dans l'isthme central américain. Espérons qu'il ne surgira pas trop tard. » Dans un autre passage, Mahan insistait sur l'importance stratégique que prendront la mer des Caraïbes et le golfe du Mexique par suite du percement d'un canal interocéanique et à cause de l'instabilité politique des États de l'Amérique tropicale : « La demande pour un gouvernement plus réglé devra surgir dans ces États livrés au désordre... Quand cette demande s'élèvera, aucune position théorique, comme la doctrine de Monroe, n'empêchera les nations intéressées d'essayer de remédier au mal par quelque mesure, qui, de quelque nom qu'on la pare, sera une intervention politique. Cette intervention produira des collisions, qui pourront peut-être parfois se résoudre par l'arbitrage, mais fort probablement, d'autres fois, conduiront à la guerre... Autant qu'on le peut préjuger, le moment viendra où les États de l'Amérique tropicale devront être dotés de gouvernements stables par les États puissants et stables qui existent actuellement en Amérique ou en Europe. La position géographique de ces États, leurs conditions climatologiques, établissent clairement que la maîtrise de la mer (*sea power*), déterminera à quel État étranger sera l'ascendant... La situation géographique des États-Unis et leur force intrinsèque leur donnent un incontestable avantage. Mais cet avantage ne leur servira pas s'il existe une grande infériorité au point de vue de la force matérielle organisée, qui constitue le dernier argument pour les républiques comme pour les rois [10]. » Tout le volume, si divers en apparence que soient les sujets isolément traités, est un développement de cette idée que les États-Unis, pour soutenir la doctrine de Monroe, doivent devenir une forte puissance navale. Les articles qui le composent ont une allure prophétique. Ils annoncent un avenir prochain, et cependant ils commencent à dater, car l'avenir annoncé se réalise déjà. Le ton même de ces études permet d'apprécier quel énorme espace ont parcouru les États-Unis sur le chemin où Mahan les voulait voir s'engager. L'auteur n'aurait plus à les écrire aujourd'hui ; la plupart des questions qui y sont posées sont actuellement résolues et ont justement reçu les solutions qu'il tenait pour désirables. Mahan n'aura pas joué le rôle de Cassandre. Dans le temps même où il adjurait son pays de devenir une grande puissance navale pour ne pas livrer la doctrine de Monroe à la risée de l'Europe, les États-Unis se construisaient une marine de guerre, et un groupe de sénateurs patriotes, à Washington, préparait le double coup qui devait enlever à l'Espagne ses dernières possessions aux Antilles et rendre le gouvernement américain maître de la future communication interocéanique par l'isthme de l'Amérique centrale.

Au début de la guerre contre l'Espagne, en 1898, le gouvernement fédéral institua un Comité naval consultatif (*Board of Naval Strategy*) chargé d'assister le ministre de la marine dans la direction de la politique stratégique du département. La compétence du capitaine Mahan, comme « expert » en matières navales, était trop bien établie pour qu'il ne fût pas appelé à prendre part aux travaux de ce conseil. Il a donc contribué à la préparation des décisions les plus importantes prises par le gouvernement pour les mouvements des escadres. Sa présence et son autorité ne purent toujours prévaloir contre l'impuissance à peu près radicale où se trouve un comité, par sa nature même, à donner une direction énergique et assurée aux opérations sur mer ou sur terre, surtout lorsqu'il se tient en un contact trop intime et continu avec une opinion publique très impérieuse et toujours prompte à l'exaltation. Quelle qu'ait été l'action de ce comité, les faits de guerre établissent que les officiers de la flotte firent preuve en toutes circonstances d'une vaillance et d'une capacité tout à fait remarquables, mais que le commandement, sauf à Manille, ou d'ailleurs le comité n'eut rien à voir, fut assez indécis, et d'une irrésolution qui eut parfois l'apparence de la timidité. La querelle entre les amiraux Schley et Sampson a été très édifiante à cet égard. Il s'agissait de savoir qui, du commandant en chef ou de son subordonné immédiat, avait gagné la bataille navale de Santiago, où les croiseurs espagnols furent anéantis en moins de trois heures. Le président des États-Unis eut à décider en dernier ressort ; il déclara que la bataille avait été gagnée par les commandants de navires, et cette décision emporta tous les suffrages.

Mahan a, non pas raconté la guerre navale hispano-américaine, mais cherché à tirer des péripéties de cette lutte des leçons d'utilité générale pour la conduite des opérations maritimes. Ses études sur ce sujet ont paru dans le *Times* en une série d'articles sous le nom commun de *Lessons of the War* (1898-1899), dont le comte Alphonse de Diesbach a donné une traduction française (1900) avec ce titre : *La Guerre sur mer et ses leçons*. La réunion de ces articles ne constitue, à dire vrai, si intéressantes que soient les dissertations de l'auteur au point de vue technique, qu'une œuvre de circonstance. Mahan a voulu évidemment défendre les mesures exécutées sur les conseils du comité. Il y a souvent du spécieux, de l'accidentel, du contingent, dans les arguments sur lesquels est fondée cette apologie. On est obligé de constater qu'ils ne sont pas toujours d'accord avec les principes généraux si solidement établis dans ses premiers ouvrages et dans plusieurs de ceux qui les ont suivis, principes dont l'exposition magistrale a placé le capitaine Mahan, dans le vaste domaine des questions qui se rattachent à la guerre sur mer, au rang le plus élevé des théoriciens.

Notes

1.   A Critical History of the late American War, New-York, 1877. — The Gulf and Inland Waters (The Navy in the Civil War), New-York, 1883.

2.   The Influence of Sea Power upon History ; 1660 to 1783. By Captain A. T. Mahan, United States Navy, 1889. (Traduction française par E. Boisse.)

3.   The Influence of Sea Power upon the French Revolution and Empire, 1793-1812. By Cuptuin A. T. Mahan, 1893.

4.   The Royal Navy. A History from the earliest times to the present, VII vol., par M. William Laird Clowes, avec la collaboration de Markham, Wilson, Fraser, Mahan, Roosevelt, etc. Le sixième volume a paru récemment ; M. Théodore Roosevelt, aujourd'hui président des États-Unis, y a écrit la « Guerre de 1812. »

5.   Types of Naval Officers, drawn from the History of the British Navy, by A. T. Mahan, Captain, United States Navy, 1902.

6.   The Life of Nelson. — The embodiment of the Sea Power of Great Britain, 1897.

7.   « Hawke personnifie un idéal, une aspiration. Il rallume un flambeau qui s'était éteint, il l'élève de la hauteur de son bras, et les autres viennent tour à tour rallumer à ce flambeau leur torche éteinte. »

8.   Lorsque Napoléon apprit que Villeneuve avait fait voile vers le Sud au lieu de tomber sur Calder, il abandonna le plan d'invasion de la Grande-Bretagne et donna immédiatement des ordres pour la campagne contre l'Autriche. En fait, l'Angleterre fut sauvée avant que la bataille de Trafalgar ne fût livrée. Pour Mahan, Napoléon avait même déjà perdu la partie stratégique lorsque Nelson, ayant suivi, puis gagné de vitesse Villeneuve à son retour des Antilles, remit ses vaisseaux à Cornwallis et regagna lui-même l'Angleterre. A partir de ce moment, Napoléon était déçu ; Trafalgar n'était pas nécessaire. Ce point pourrait être discuté.

9.   The Interest of America in Sea Power, Présent and Future, by A. T. Mahan, U. S. N., 1897.

10.   « Les États-Unis, dit-il encore, sont-ils disposés à laisser l'Allemagne acquérir la forteresse hollandaise de Curaçao, en face du débouché du futur canal, qu'il soit creusé dans l'isthme de Panama ou à travers le Nicaragua ? Sont-ils disposés à laisser une puissance étrangère quelconque acquérir dans Haïti une station navale qui commandera la route de nos steamers vers l'isthme ?… Voudra-t-on soutenir que, sur chacune de ces questions, notre droit est si clair, et tous les arguments si complètement en faveur de notre cause que la partie adverse, en cas de discussion, se hâterait de renoncer à ses désirs et de se retirer gracieusement devant nos prétentions ?… La devise gravée sur les anciens canons, Ultima ratio regum, a aussi son application aux républiques. »

ISBN : 978-1725117334